Billy's Diary 1

엄마로 살아가기

Be a Mom

김지원

12월 한 해를 마무리하며
해돋이
새로운 시작

1월 추억이 담긴 바다
기억여행
부산

2월 봄 방학
오아시스를 찾아서
캄보디아

3월 봄 꽃
가족 나들이
딸기 체험

4월 벽옥혼식
부모님 결혼 40주년 여행
소노펠리체

5월 밤 하늘의 별
아름다운
순천, 송광사

6월 고향에서
가도 가도 가고 싶은 곳
제주도

7월 여름휴가
누구와도 자유로운 도시여행
도쿄

8월 자유인에서 유부녀로
배낭여행 vs 가족여행
유럽, 강원도

9월 생일이 있는 구월
우리끼리
괌

10월 단풍여행
노란 나무, 빨간 사과
부석사

11월 결혼 기념일
가장 값진 여행
특급 호텔 패키지

12월 한 해의 끝
언제 가도 좋은
보라카이

0월 Especially Me
모두가 공감하는
싱가포르

Prologue

I am Billy!

2000년 영화 '빌리 엘리어트Billy Elliot'를 보았다. 어려운 환경 속에서 자신의 꿈을 위해 현실의 어려움을 극복하고 헤쳐나가는 어린 주인공의 모습은 오랫동안 나의 마음 한구석에 찡하게 남았다. 특히 영화 마지막에 백조의 날갯짓은 감동 그 자체였으며 빌리의 아버지가 아이의 꿈을 위해 묵묵히 바라보며 흘리는 눈물은 나의 마음 한 켠을 흔들었다. 이날 이후 나도 나의 꿈을 위해 끊임없이 노력하는 빌리가 되기로 결심했다.

나는 조경학을 전공했지만 사진을 찍고 싶었다. 그래서인지 조경 관련 직업이 아닌, 사진과 관련된 일을 하며 살게 되었고 나의 꿈을 위해 뭔가를 '그저 찍는 일'이 아닌 '진짜 찍는 일'을 하고 싶다는 간절함이 언젠가부터 커지고 있었다. 그리고 어느 날, 나는 날개를 만들기 시작했다. 다가올 미래의 비상을 위한 나만의 날개를, 힘차게 날아오를 날갯짓을 위한 견고한 날개를, 바로 영화 속 빌리의 그것과 같은 날개를 갖고 싶어졌다.

처음 'Billy's Diary' 라는 책을 만들어 보자는 제의를 받았을 때 한동안 잊고 있었던 나의 날개를 떠올렸다.

"이런 소소한 이야기를 누가 읽어?"
라는 나의 질문에 그녀는 이렇게 말했다.

"너의 이야기가 곧 우리 이야기야. 다들 그렇게 살고 있으니까."

순간 나는 무언가에 얻어 맞은 기분이었다. 맞다. 어느 순간부터 난 견고한 날개보다 화려한 날개에 더 큰 가치를 두고 있었던 것 같다. 나는 결혼 후 나의 가정을 열심을 꾸렸고, 나의 가족을 살뜰히 보살피고 챙겼으며, 나의 열정을 아이들에게 바치고 나의 신념을 남편과 함께 하기 위해 노력했다. 그러나 생각해보니 나는 온전히 나를 위한 그 어떤 것도 하지 않고 있었다. 나의 자존감은 어느 새인가 사라졌고 현재는 그때 그 시절의 미래인데 나는 그 미래를 그냥 그렇게 흘려 보내고 있었던 것이다.

'Billy's Diary'는 한 소녀가 자라 여성이 되고 엄마가 되었으나, 이제 다시 소녀가 되고 싶은 이야기이다. 지금 이 순간을 함께 살고 있는 모든 여자들의 '친구와의 수다' 같은 그냥 그런 이야기. 빌리 엘리어트의 날갯짓은 화려하고 눈부신 것이었지만, 나의 날갯짓은 화려하고 눈부신 것 대신 나의 사람들과 함께 날 수 있도록 견고하고 따스한 기운을 느끼게 해 주는 날갯짓이 되고 싶다.

나는 빌리다. 나의 꿈을 위해, 나를 만들어 가는 빌리다.

12월 한 해를 마무리하며

'해돋이'

새로운 시작

다시 1년이 마감이 된다.

12월이 되니 문득 그 옛날, 정확히 말하자면 아기를 낳기 전, 12월의 마지막 날 예술의 전당에서의 송년음악회가 그리워진다. 나의 친정에서는 한 해를 마무리하며 송년음악회를 함께 관람하는 것이 연중 행사였는데 우리 삼남매가 결혼을 해 하나 둘씩 아이를 낳으니 음악회를 간다는 것은 현실적으로 불가능해졌다.

2008년 보경이가 100일이 막 지났을 무렵, 아빠가 음악회를 못 가는 대신 아기를 데리고 새해 해돋이를 보러 부산에 가자고 제안하셨다. 갑갑했던 나는 흔쾌히 "오케이"를 외쳤다. '보경이가 차 안에서 잘 버틸 수 있을까?' 하는 걱정도 있었지만, 그보다는 부모님과 떠나는 여행에 대한 기대감과 설렘이 더욱 컸기에 아무런 고민 없이 선뜻 여행을 떠났다.
그러나 걱정과는 달리 보경이는 차 안에서 잘 자고 밖에 나가면 더욱 더 좋아했다. 부산은 서울보다 따뜻해서 자갈치 시장이며 해운대며 아기 띠를 메고 걸어 다닐 수 있어서, 항상 집안에만 있던 나와 보경이는 간만에 바깥 공기를 맘껏 마시며 제대로 기분 전환을 했었다. 부산 여행을 경험 한 후 나는 어린 보경이를 데리고 어디든 갈 수 있다는 자신감이 생겼다.

2008년 첫 부산 여행 이후, 해마다 나는 가족들과 함께 부산 바닷가에서 12월의 마지막 날 지는 해를 보며 한 해를 마감했고, 새해 첫 날 해돋이를 보며 또 다른 한 해를 시작할 수 있었다.

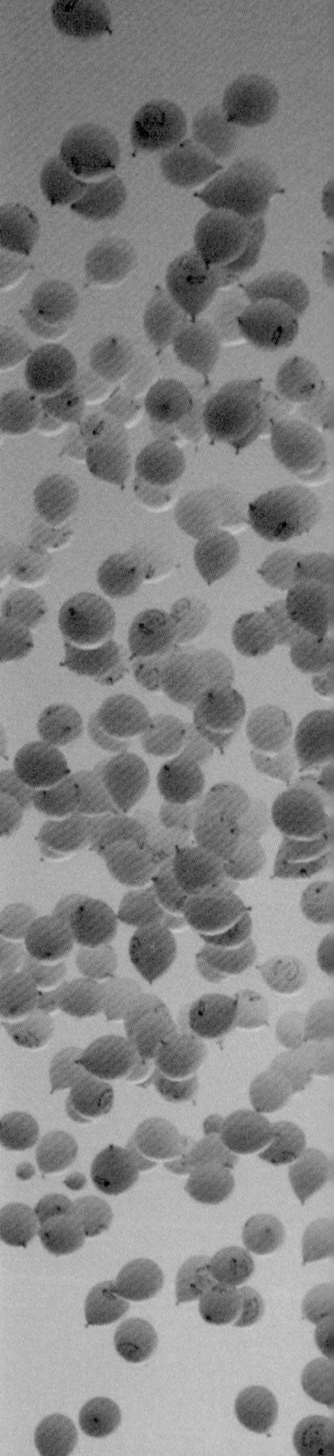

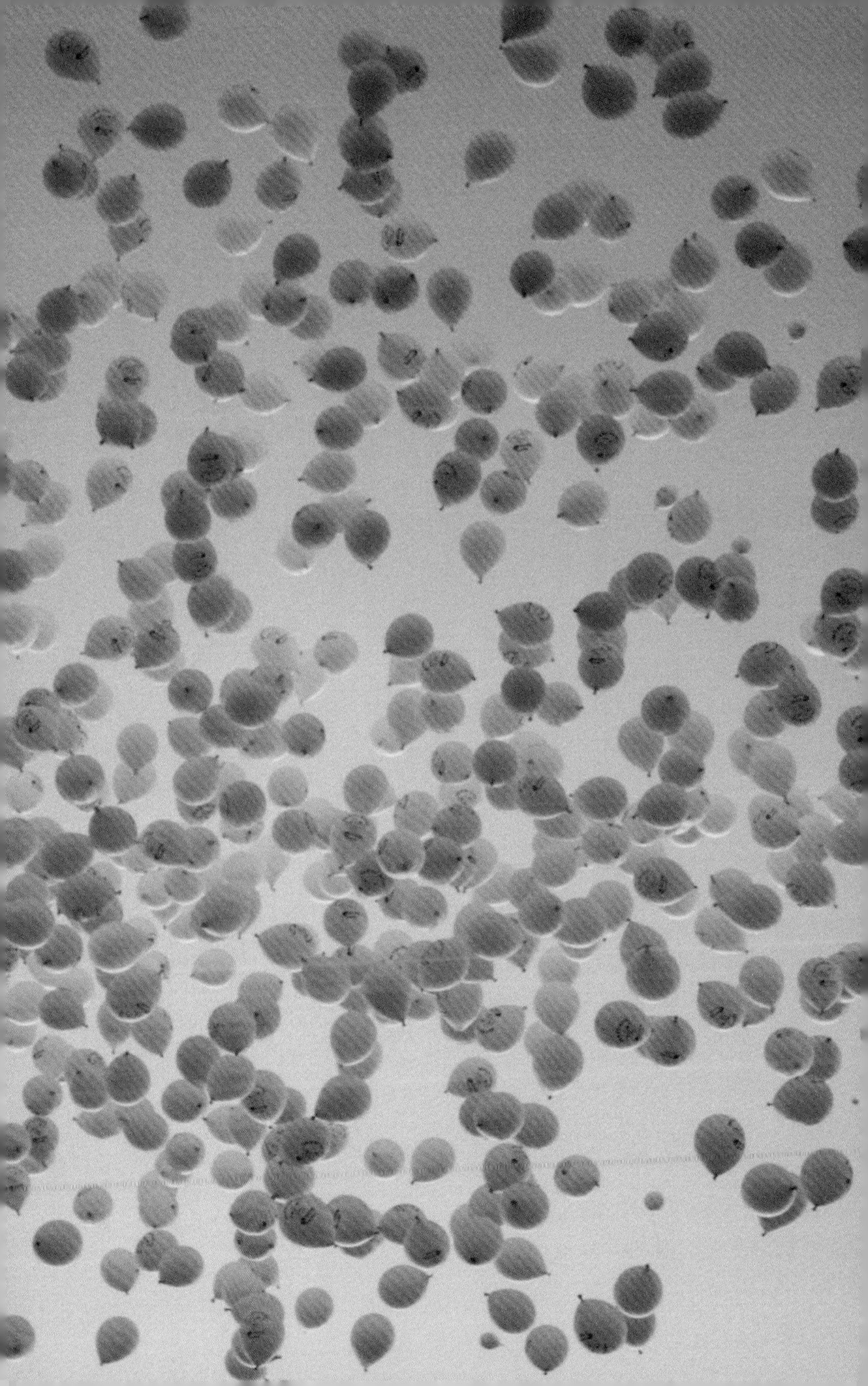

결혼 전 예술의 전당 제야음악회

결혼 후 부산의 해돋이 여행

1월 추억이 담긴 바다

‘기억여행’

부산

부산의 바닷가를 보고 있으면 2006년 1월, 고등학교 동창인 영지와 영미랑 기차를 타고 갔던 부산 여행이 생각이 난다. 뉴욕에서 유학 중이던 영미가 잠깐 한국에 들어 왔을 때, 이때다 싶어 직장에 다니던 나와 영지는 일부러 휴가를 내고 영미와 부산으로 떠났다.

부산행 무궁화호
서울행 KTX

시간이 오래 걸리는 무궁화호는 우리들을 뻔하지만 특별한 10년 전으로 시간을 되돌려 주었다. 무슨 말만 하면 10년 전, 수능 이야기를 해도 10년 전, OT이야기도 10년 전, 나 재수 할 때 이야기도 물론 10년 전, 그리고 우리 셋이 같이 알고 지낸 지도 벌써 13년이 되어갔다. 생각해보니 뭐 그리 할말이 많았는지 부산을 오가는 내내 우리 셋은 10여년 전 추억을 되새기면서 수다 삼매경에 빠졌던 것 같다.
'정말, 이렇게 세월이 빠를 수가 있나?'
'우리 10년만 젊었어도 이러지 않을 텐데…….'
싶은 생각이 문득 들기도 했나.

2011
2012

2012

기억이란 참 재미있는 면이 있다.

부산행 무궁화호를 약 6시간 정도 타고 가면서 10여년 간의 추억을 조잘조잘 이야기하며 우리가 함께한 세월을 다시금 되새겨 볼 수 있으니 말이다.

2013

이제 나는 아이들의 엄마이고 한 사람의 아내가 되어 어쩌면 그 시절 그때보다 바다에 대한 감흥과 여행에 대한 열정도 식었을 것이다. 하지만 훗날 지금의 나의 가족과의 여행을 회상하면 젊은 시절의 열정으로 가득한 여행보다는 더 큰 포근함을 가진 여행으로 기억 될 것이라 믿는다.

2월 봄 방학

'오아시스를 찾아서'

캄보디아

고등학교 때까지 2월은 겨울방학이 끝나고 봄방학 전의 의미없는 그냥 그런 달이었다면, 대학 입학 이후 2월은 겨울 성수기가 끝나고 놀기 좋은 한마디로 오아시스 같은 달이었다. 이런 절호의 기회를 놓칠 리 없는 나는 대학시절 2월이면 여행을 떠나곤 했다.

2004년 2월 캄보디아.

지니 언니와 계획했던 여행이었지만 갑자기 못 가게 된 언니 덕분에 타의 반, 자의 반으로 용기를 내어 혼자 떠난 여행이었다. 이 여행에서 나는 이제껏 알아온 세상과 전혀 다른 세상을 새로 알게 되었던 것 같다.

캄보디아 아이

학교를 가지 않는 아이들은 물론이고 다니는 아이들도 하교 후 $1 물건을 관광객들에게 판다. 배불리 먹지 못하고 신발도 없는 아이들을 보면 마음이 너무 아팠다. 촬영 차 캄보디아에 왔던 안젤리나 졸리가 입양을 결심했다는 이야기를 들은 적이 있는데 그 이유를 알 것 같았다.

태국에서 캄보디아로, 캄보디아에서 베트남으로, 육로로 국경을 넘어야 했던 이 여행은 설렘보다는 낯선 나라에 대한 두려움, 나아가 혼자만의 쓸쓸함과 무서움으로 시작한 여행이었다. 그러나 나는 '그래, 이런 게 여행이야.'라며 스스로를 다독이며 여행자용 트렁크가 아닌 무거운 배낭을 메고 청춘의 한계를 시험이라도 하듯 흙 먼지가 가득한 길을 뚜벅뚜벅 걸었다. 훗날 이 여행을 기억할 때 분명 내 청춘의 상징 중에 하나가 될 것임을 확신하며 나만의 방식으로 즐겁게 마무리했던 여행이었다.

혼자 떠났던 캄보디아에서 한 엄마와 당시 6학년이었던 아이를 만난 적이 있다. 나름 듬직하게 엄마를 지키는 아이와 그런 아이를 살갑게 챙겨주는 엄마의 모습을 보며 나도 아이를 낳으면 둘이서만 꼭 여행을 해 보고 싶다는 생각을 했던 게 가끔 생각나곤 한다. 그러나 나의 현실은 결혼 후 아이가 태어나면서 오아시스 같았던 2월은 '그냥 그저 그런' 평범한 달이 되었다. 오히려 명절 스트레스를 치유하느라 바쁜 달이 되었다. 그나마 명절이 지난 연휴는 여행이라도 갈 수 있어서 반갑지만 명절 전의 긴 연휴는 그저 방학한 아이들과 종일 씨름을 해야 하는 고난의 시간들이 되어 버렸다. 그러나 그냥 그저 그런 2월이 되었다고 해서, 아이가 있다고, 혹은 춥다고 여행을 안 갈 내가 아니다. 언제나 여행은 누구랑 가느냐, 언제 가느냐, 어느 때 가느냐에 따라서 새로운 의미를 주기 때문이다.

국경

낯선 도시에서 경험한 너무나 낯설었던 출입국 사무소. 전자 시스템이 아닌 입국 심사관이 직접 수기로 여권에 출입국사실을 적어주는 광경은 놀랍고도 신기했다. 얼마나 걸릴지 모르지만 길고 긴 줄, 마냥 기다리고 또 기다린 끝에 드디어 심사를 마치고 버스를 타고 국경을 넘었다. 이때, 혼자인 나는 외롭고 쓸쓸함을 온몸으로 느꼈다.

오토바이

오토바이가 주 교통수단인 베트남은 공해가 매우 심하다. 그래서인지 여자들은 손수건으로 입을 가리고 오토바이를 타는 풍경이 매우 인상적이다.

유적

씨엠립Siem Reap에 있는 앙코르와트 유적지는 두번을 가보았는데 갈 때마다 경이롭다. 어떻게 이렇게 만들 수 있었을까. 세월이 흘러 떨어져 나간 것들도 있지만, 그래도 그 존재 자체만으로도 경이롭다.

톤레삽Tonle Sap호수

톤레삽Tonle Sap 호수에는 이런 간판들이 줄지어있다. 아마 한국 관광객수가 늘어나면서 생기지 않았나 싶다.

할머니

메콩강 투어를 하는 도중 만난 할머니의 베트남 모자 '논non'을 찍고 싶었다. 서로 말은 통하지 않았지만 할머니도 예쁘게 찍히고 싶다는 표현인듯 옷 안에 있던 금 목걸이를 꺼내어 보이며 함께 해 주셨다. 눈빛으로 이야기하고 손짓만으로도 마음에 통하는 듯 하였다.

빗자루 할아버지

앙코르와트 유적지에서 계속 나뭇잎으로 바닥을 쓸고 계셨던 할아버지. 묵묵히 쓸고 계시는 모습이 왠지 묵묵히 이 역사적 공간을 지켜나가는 느낌이었다.

거리

오토바이가 다니는 흙 길이 주 도로다. 처음엔 신기해서 촬영을 하지만 이내 이 길도 익숙해져서 편안해 보인다.

툼레이더 촬영지 앙코르와트

영화를 보면서도 '실제로 어떻게 저럴 수 있지?' 했는데 막상 가서 나무가 돌을 뚫고 그 위로 자란 모습을 보니 경이로웠다. 꼭 한번은 가봐야 할 곳!

어느 해인가 아이들과 간 스키여행에서 아이들은 일찍 잠들고 나는 잠이 오지 않아 방안에 멍하니 있는데, 밖에서는 최신가요와 사람들의 함성 소리로 시끄러웠다. 자연스레 밖을 내다 보려고 창을 조금 열었는데, 방 안의 따뜻함과 밖의 시원함이 교차되면서 겨울 밤공기의 상쾌함이 고스란히 나에게 전달되는 느낌이었다.

그러나 상쾌함도 잠시, 이내 난 춥다고 느꼈다.

피식 헛웃음을 지었다.

'젊음이 좋구나. 야간 스키도 신나게 타고. 실컷 즐겨라! 젊은이들.'

불과 몇 년 전만 해도 나 역시 친구들과 조금이라도 더 많이 타기 위해 사람이 없는 야간 스키를 즐겼는데, 몇 년 후 나는 사람이 북적거리는 낮에 아이들과 고작 눈썰매나 탔을 뿐인데 체력이 완전 방전되어 아이들이 일찍 잠들었으니 저녁에라도 다시 나가서 스키를 타야겠다는 생각을 감히 하지 못한다는 것이 기가 막히면서도 웃음이 났다.

3월 봄 꽃

‘가족 나들이’

딸기 체험

봄의 시작, 3월이다. 꽃이 피고 딸기도 열리는 3월. 산수유 나무의 꽃이 생각나는 그런 달. 재영이네 커플이랑 버스를 타고 무박 여행을 가곤 했던 3월. 아이가 생기면서 무박 여행은 고사하고 버스를 타고 어딜 간다는 자체가 쉽지 않다. 그러다 보니 자연스레 여행 자체보다는 아이들과 함께 체험할 수 있는 프로그램이 있는 장소를 찾아 떠날 수 밖에 없다. 그래서 모든 것들이 새로이 피어나는 3월이면 으레 딸기를 따기 위해 양평으로 간다. 딸기 농원은 아이들이 딸기를 따는 재미와 동시에 싱싱한 딸기를 바로 따서 배불리 먹을 수 있어서 일석이조의 즐거움이 있는 여행지라 생각한다.

2008년 첫 아이 출산 후부터 줄곧 체험 여행만 하던 3월이지만 2013년 3월은 달랐다.

벚꽃을 보러 일본에 가자는 아빠의 갑작스런 제안이 우리 아이들과 나에게 조금 다른 3월을 만들어 주었다. 사실 처음에는 꽤 망설였던 기억이 난다. 원전이 터진 직후라 안전성에 대한 고민과 더불어 평소 탐탁지 않게 생각하던 패키지 여행을 해야 한다는 사실이 썩 반갑지 않았다. 또 아이들을 챙기는 것도 모자라 부모님까지 책임져야 한다는 압박감마저 있었으니…….

"도전!"

웬걸! 어느덧 나의 아이들은 여행을 즐길 줄 아는 아이들로 변해 있었다.

이 일본여행을 하면서 처음으로 '부모님과 이렇게 여행을 다닐 수 있는 날이 얼마나 더 있을까?'라는 조금은 슬픈 생각을 하곤 했다. 그래서 사진도 더 열심히 찍어드리고, 다양한 주제로 더 열심히 이야기했다. 부모님과 함께 하는 여행은 많은 것을 생각하게 한다.

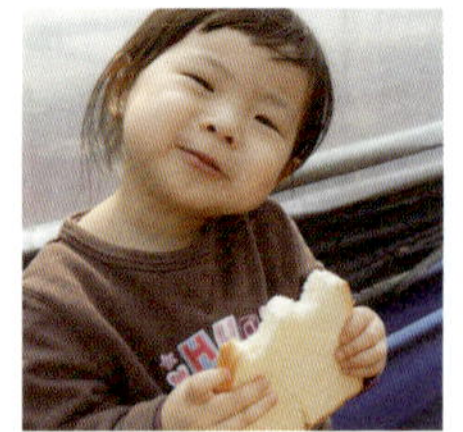

우선 '시간'이 반드시 필요하다. 결혼 전에 나는 엄마랑 단 둘이서 장거리 여행을 다니고 싶었다. 그러나 당시에는 할머니께서 함께 살고 계셔서 집을 오래 비운다는 것은 상상 할 수도 없는 일이었다. 할머니께서 돌아가신 지금, 엄마는 멀리 떠나기엔 너무나 체력이 약해지셨을 뿐만 아니라 열정도 예전 같지 않으시다.

젊은 시절은 찰나와 같고 나이가 들어 여행 자체를 즐기려면 건강이 중요하다. 그래서 부모님의 건강도 좋아야 여행 자체가 가능하다. 여행 계획을 세울 때 행여나 여행 일정이 부모님의 건강상태에 무리가 되지는 않을까 걱정하는 것이 당연하기 때문이다. 나만 젊고 건강하다는 것은 큰 의미가 없다. '여행'이란 단어 앞에 가장 우선시 되어야 할 것은 아마도 '시간'이라는 진리를 깨달아야 하는 것인지도 모르겠다.

2011년 코타키나발루 여행에서 보경이는 문어인형을 하나 샀는데, 그 이후의 모든 여행을 함께 하는 보경이의 여행 친구가 되었다. 역시나 이번 일본여행에도 보경이는 여행 친구와 함께했다.

杵築市城下町
散策マップ

日本唯一のサンドイッチ型城下町
海抜
20.1
m
津波避難場所
杵築小学校
バスターミナル

4월 벽옥혼식

'부모님 결혼 40주년 여행'

소노펠리체

2013년 4월, 부모님의 결혼 40주년이 되었다. 특별한 날이니만큼 부모님과 우리 세 남매의 가족 모두 가까운 곳으로 여행을 가서 가족사진을 제대로 찍어보기로 했다. 여행을 겸한 가족사진을 찍기 위해 가족 전체가 움직이는지라 준비할 것도, 챙겨야 할 것도 당연히 많아서 어느 하나 만만한 것이 없었다. 촬영에서 가장 중요한 것은 콘셉트! 드레스코드는 흔하지만 트렌드 한 청바지에 흰 셔츠. 촬영지는 아이들도 놀아야 하고 어른도 쉴 수 있으며 촬영도 해야 하기에, 거리와 비용 면에서 모두를 만족 시킬 수 있는 장소로 홍천에 있는 '소노펠리체'를 선택했다.

이 여행에서 나의 역할이 그 어느 때 보다 중요했다. 나름 사진 작가를 딸로, 형제로, 아내로, 엄마로 가지고 있는 이들에게 실력 발휘를 해야 할 때가 온 것이다. 그러나 현실은 어시스트도 없이 카메라 세팅, 모델들 위치 선정 및 표정 관리, 심지어 아이들의 소동도 막아야 하는데다가 모델도 겸해야 하는 만만치 않은 상황이었다.

오직 삼각대에 의존하며 이 모든 상황을 조율해야 하는 대.작.업!

결과적으로 사진은 평온하게 나왔다. 물론 나는 머리도 대충 하나로 묶고, 땀이 범벅이 된 얼굴로 프레임 안으로 급하게 뛰어든 몰골이었으나 가족사진을 내 손으로 찍었다는 것에 만족할 수 있었다.

부모님의 벽옥혼식을 지내면서 이런저런 생각에 잠겼다. 꽃다운 아가씨였던 엄마가 결혼을 하고, 신혼생활을 지내고, 아이를 낳고 기르며 시어머니를 모시고 사는 동안 40년의 세월이 흘렀다. 두 명에서 시작한 가정이 열네 명이 되었다. 내가 태어났을 때 엄마는 이미 오빠의 엄마였고, 크면서도 늘 '엄마는 그저 엄마니까.'라는 생각만을 해 왔던 것 같다. 그러나 엄마는 엄마이기 전에 할머니, 할아버지의 딸이었고 꽃보다 예뻤던 아가씨였을 텐데 우리 남매들은 늘 엄마를 대할 때 "엄마도 이런 거 해?", "엄마도 이런 거 할 줄 알아?" 라며 당연하게 엄마는 그냥 다른 사람으로 분류하고 있었던 것이다. 내가 엄마가 되고 나서야 비로서 알게 된 엄마의 모습. '내가 참 무심했구나…….' 싶은 생각에 마음 한구석이 저렸다.

대학원을 마치고 나서부터 계속 결혼하라고 재촉 하시던 부모님은 나를 어떤 마음으로 바라봤을까? 그 모든 것이 매일 하는 잔소리려니 하고 건성으로 듣던 나를 보고 어떤 마음이셨을까? '참 잘 키웠다.'라는 뿌듯함보다는 '더 잘해줘야 하나…….'하는 걱정을 하셨던 것은 아닐는지.

부모님의 결혼 40주년을 가족 다같이 보내며 이런저런 생각이 들었지만, 분명한 것은 함께 할 수 있음은 언제나 축복이라는 것이다.

나의 결혼 40주년은 어떤 모습일까?

나의 아이들도 그때가 되면 나와 같은 생각을 할까?

"엄마, 아빠 오래오래 건강하고 행복하게 사셔야 해요. 손주들이 자라서 할머니, 할아버지 모시고 여행갈 수 있을 때까지 건강하셔야 해요."

5월 밤 하늘의 별
‘아름다운’
순천, 송광사

5월이 되면 생각나는 곳은 단연코 순천, 송광사다. 나의 여행 단짝 영지와 함께한 조계산 등산이 내 여행 인생의 정점이라 해도 과언이 아닐 만큼 조계산 등산과 송광사의 풍경은 최고 중의 최고였다. 특히 산벚나무를 보며 송광사에서 선암사까지 가는 길은 그야말로 무릉도원이라 할 수 있다. 더불어 부처님 오신 날의 송광사 연못의 연등은 말로 표현할 수 없을 정도로 아름답다.

첫째 아이를 임신했을 때 남편과도 함께 갔었고, 남매가 다 자란 올해 또 다시 엄마와 동생가족들과도 함께 다녀왔다. 내가 순천을 반복적으로 찾는 가장 큰 이유는 내가 아끼던 장소에서 만든 소중한 기억을 내가 사랑하는 사람들과 함께 나누어 가지고 싶어서이다.

언제나 그렇듯 가족여행은 나름의 큰 도전이었지만 이번에도 역시 성공했다. 엄마는 물론이고 나의 가족도, 동생 가족도 모두 여행 내내 "너무 아름답고 좋다!"라고 탄성하며 즐거워했기 때문이다. 남편과 차를 마셨던 그곳에서 나의 엄마가 나의 아이들과 함께 차를 마시는 모습을 보니 내가 임신 중에 이곳에 와서 그렸던 미래의 가족 모습이 그대로 내 눈 앞에 펼쳐진 듯하여 순간 나는 감정이 북받쳐 올랐다. 시간이 흘러 같은 곳에서 같은 감정을 느낀다는 건, 참 신비하고도 행복한 일인 듯하다.

2001.5.5
~5.6.

자벚나무의 잎들을
떨어뜨리며...

송광사에서
선암사로
넘어가는 中.

2005

2005년 영지와 함께 한 송광사 여행은 젊은 두 여자의 아기자기한 이야기 꽃이 만발했기에 송광사부터 선암사까지의 등반은 어렵지 않았고 사찰에서 자는 것도 좋았었다.

2008년 남편과 함께한 송광사는 내가 임신 중이라서 등산은 미뤄두고 걸어서 산책하는 것만으로도 감사 할 수 있었고 그만큼 마음 한 가득 연등의 기운을 받았었다.

2014년 다시 찾은 송광사는 연등의 위치가 바뀌어있었다. 아름다운 밤 연등행사를 보고 싶었던 바람과는 달리 아이들을 데리고 밤에 불 켜진 연등을 본다는 것이 얼마나 어려운지만 깨달았다. 그저 조금 더 크면 다시 보러 갈 수 있으리라 기대하며 아쉬움을 달래야 했다.

또 다시 걷고 싶은 새벽기도 길과 총총히 박혀 있던 하늘의 별들, 아직도 귓가에 울리는 듯한 법고 소리…….

2014

6월 고향에서

'가도 가도 가고 싶은 곳'

제주도

나는 할아버지가 돌아가시기 전까지 본적이 제주도였다. 여행 장소로도 애착이 많이 가는 곳이지만, 본적지였던 곳이라 그런지, 제주도는 애착이 많이 가는 곳이다.

제주에는 아직 증조할아버지 산소가 남아있다. 제주의 묘는 다른 지역의 묘와는 생김새부터 다르다. 아무래도 돌이 많고 바람이 많이 불다 보니 돌로 영역을 표시해놓는다. 그리고 제주는 아직도 미신을 많이 믿고 있어서 벌초하는 시기도 정해져 있다고 들은 적이 있다. 어찌 되었든 아빠는 오빠가 군대를 갈 때, 동생이 어학연수를 떠날 때, 꼭 제주에 있는 산소에 다녀오게 했었다. 물론 나는 군대도 안가고 어학연수도 가지 않았지만 오빠와 동생을 따라 제주에 함께 다녀오곤 했다. 제주는 그만큼 나에게는 특별하다.
졸업여행, 친구들과의 여행, 부모님과의 여행, 결혼 전 지금의 남편과 함께 산소에 인사 드리러 온 여행 등 여러 이유로 제주에 많이 갔지만 역시나 휴가 겸 놀러 가는 여행이 가장 편안하고 즐겁다.

1998년의 여름, 가장 고생을 많이 한 제주여행이었다. 진도에 사는 친구와 함께 하기 위해 기차와 버스를 타고 진도까지 간 후, 진도에서 배를 타고 제주에 갔다. 제주에 도착한 첫날, 민박집의 픽업 서비스는 경운기였고, 야심 차게 자전거투어를 시작했으나 너무 힘들어서 다음 날부터 택시투어를 했다. 그래도 서울로 오는 교통수단은 비행기여서 다행이었다. 아무튼 제주는 육지의 다른 도시에 가는 것과는 몹시 다르게 느껴지는 특별한 여행지다.

이후에도 어린 우림이를 데리고 휴가를 보낸 2012년의 제주, 친구가족들과 다 같이 떠난 2013년의 제주, 일상에서의 탈출을 꿈꾸며 친구들과 급작스럽게 떠난 2014년 당일치기 제주여행까지 제주는 다녀와도 다녀와도 서울로 가는 비행기 안에서는 늘 아쉽다.

98. 9. 5-6.

오빠가 군대에 간다.
제주도로 성묘를 간다.
아빠와. 나. 오빠랑 --

이때는 오빠가
죽으러 가는 기분이었다.
매일 편지써주고
일주일동안 울고...
왜 그랬었는지....

이곳은 비자림.
내가 좋아하는 곳.

7월 여름휴가

'누구와도 자유로운 도시여행'

도쿄

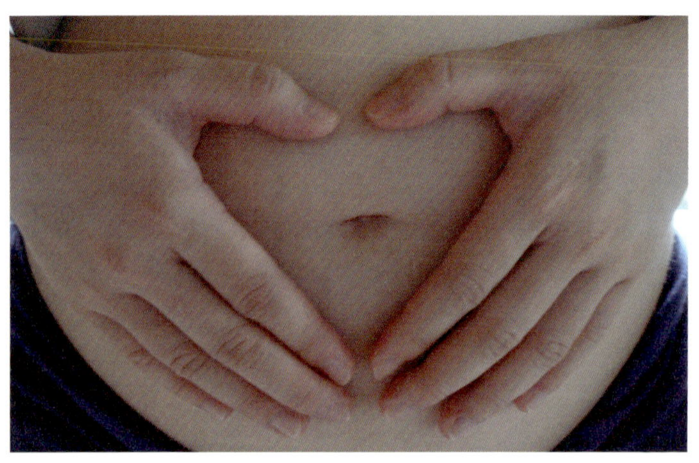

7월은 휴가가 시작되는 달이다.

7월 마지막 주는 성수기라 비싸고 사람들이 많이 몰리기 때문에 나는 이때를 피해 휴가 계획을 짠다. 물론 다른 이들도 여건이 된다면 그렇게 하고 싶을 거라 생각한다. 어찌됐든 나와 남편은 운이 좋게도 휴가기간을 다른 사람들 보다는 조금 자유롭게 정할 수 있어서 성수기를 피해 여행 할 수 있는 기회가 많았다. 첫 아이 보경이를 임신했을 때, 다들 간다는 태교여행이 하고 싶었다. 어디로 갈까 하다가 당분간 해외여행은 못 할 것 같기도 하고 필요한 아기용품도 미리 사올 겸 가까운 일본으로 태교여행을 가기로 했다. 여러 사이트를 검색하다 아무래도 임신 중이라 종일 걸어 다닐 수 없을 것 같아서 일정의 반은 버스로 관광지를 돌아보고 나머지 반은 남편과 자유롭게 다니며 아기용품을 살 수 있는 패키지 여행을 택했다.

灸・整体
3723-0277

여행 단짝 영지와의 추억이 묻어 있는 '닛꼬Nikko'. 2001년 직장인 영지의 배낭여행의 제안에 4학년 2학기 첫 주 수업을 모두 자체 휴강을 하고 갔었던 여행지였다. 그곳에 영지가 아닌 남편과 뱃속의 아이와 함께 온 기분은 묘했다. 마침 비까지 내려서 아련한 추억의 감회가 더 특별하게 느껴졌다.

도쿄에는 동생부부와 함께 여행을 간 적이 있다. 보경이가 2살이 되던 크리스마스 휴일에 짧게 다녀왔는데, 동생부부에게는 태교여행이기도 했다. 임산부에 어린 아이까지 있어 살인적인 택시비로 유명한 도쿄지만 택시를 타고 돌아다니는 기회도 가졌었다. 이외에도 두 살배기 아들과 지하철 타기, 도쿄거리 걸어보기, 아기 물건 쇼핑하기 등 색다른 경험을 함께해서 좋았다. 나에게 일본 여행은 나의 여행 단짝 영지와 함께한 첫 추억이 있으며, 내가 사랑하는 가족의 첫 태교여행을 함께 했던 가치를 따질 수 없는 의미 있는 곳이다.

出口

8월 자유인에서 유부녀로

'배낭여행 vs 가족여행'

유럽, 강원도

자유로운 영혼으로 살던 나는 2005년 8월, 어학연수간 동생도 보고 유럽 여행도 할 목적으로 런던에 갔다. 오빠가 없어서 아쉬웠지만 동생과의 여행을 계획했다. 나쁘지 않았다. 아니 오히려 좋았다. 특히, 아일랜드와 스페인 남부여행이 가장 기억에 남는다. 동생도 우리 남매의 여행은 지칠 때 쉬자고 말해도 미안하지 않고 부담스럽지 않아서 너무 좋았다고 추억 하곤 한다.

분명 대학 때 간 유럽여행에서는 기차가 2등석이었는데, 나이가 들어 발권해 간 유레일패스는 1등석. 유럽인들에 비해 상대적으로 어리게 보이는 우리에게 일등석을 타는 내내 검표와 왜 일등석에 있는지 확인에 확인을 또 했다.

야간열차 예약을 잘못해서 침대 칸의 기차를 타지 못해 새벽에 알지도 못하는 도시에 내렸던 적도 있다. 그래도 조경학을 전공하면서 알게 된 알함브라 궁의 장대한 정원도 보았고, 지중해 해변을 여유롭게 걸어도 보고 저녁에 동네 펍pub에 가서 기네스 생맥주를 마시면서 시원한 여름바람을 즐기며 여유롭게 유럽여행을 했던 그 해 8월이 지금 너무 그립다.

결혼 후 8월은 유독 시부모님과 여행을 많이 갔다. 보경이가 아주 어릴 때 시부모님과 함께 담양, 원주, 영월 등지로 여행을 갔던 기억이 난다. 비록 8월은 아니었지만 2010년 5월 남해안 끝, 거제도 여행에서 전체 일정이 여의치가 않아 시부모님이 서울에 먼저 올라가야 한다는 이야기에 육아에 지친 나는 갑자기 눈물이 났던 생각이 난다. 물론 며느리와 시부모님 관계가 마냥 편한 관계는 아니지만 시부모님이 보경이랑 너무 잘 놀아주셔서 감사함과 편안함을 느꼈던 여행으로 기억된다. 여행을 함께 다녀오면 아이들도 할머니 할아버지에 대한 생각이 달라지고 나도 어렵게만 느껴지던 시부모님이 조금은 편해지는 기분이 들게 된다.

시댁 식구와 최근에 다녀온 용평 여행에서는 눈 깜짝할 사이에 둘째 우림이가 이마를 다쳐서, 이 후 아이들과 함께하는 일들에서 더욱 세심하게 생각하고 좀더 배려하고 감싸 안아 주는 계기가 되었다.

아이들을 키우며 해가 갈수록 부모님에 대한 생각이 많이 바뀌는 것을 느낀다. 아이들이 막 태어났을 땐 밤에 잠을 못 자 너무 지쳐 '부모님이 안 도와준다.', '나만 고생하게 놔 둔다.'하며 불평도 하고 서글펐던 때가 있었다. 하지만 해가 거듭될수록 친정부모님은 물론이거니와 시부모님에 대한 생각이 바뀌고 있다. 늙어가시는 그 분들의 모습을 보며 정말 잘 모셔야겠다는 생각이 절로 드는 요즘이다.

9월 생일이 있는 구월

‘우리끼리’

곰

결혼 전 9월은 별 의미 없는 달이었다.
하지만 결혼 후 9월은 추석과 함께 남편, 아들 생일까지 있어서 정신 없는 달이 되었다. 나는 식구들의 양력, 음력 생일을 모두 챙긴다. 양력 생일이야 가족뿐 아니라 다른 이들도 축하해주니 챙기는 것은 당연하고, 음력 생일은 가족끼리 오붓하게 시간도 보낼 겸 축하의 자리를 만들려고 챙기기 시작하였다. 남편과 아들의 양력, 음력 생일에 미역국을 꼭 챙겨 먹으니 9월 내내 밥상에는 미역국만 올라오는 것 같다.

2001. 6. 괌.

작년 9월은 추석연휴가 길어서 남편과 아들 생일을 좀 다르게 보내고 싶은 맘에 괌으로 여행을 가기로 했다. 괌은 결혼 전 직장이었던 아빠 회사에서 직원 동반 여행이 전부였기에 남편과 아이들과 가는 여행은 더욱 기대되고 설렜다.

NATURAL
NATURAL
NATURAL
NATURAL
NATURAL
HAPPY
WOOLIM

Happy
Birthday!!

여기저기 사이트를 뒤지며 이벤트를 찾던 중, 생일이벤트를 제공하는 뷔페가 눈에 띄었다. 나는 주저 없이 하얏트 호텔 생일이벤트 뷔페를 예약했다. 대개의 생일이벤트는 파티 모자를 쓰고 생일케이크 정도를 제공하는데 이 이벤트는 주방부터 축하 노래를 부르며 생일케이크를 주인공 앞까지 가져다 주는 것이 특징이었다. 거창하지는 않았지만 이 작은 이벤트 덕분에 우리 가족은 좀 더 즐거운 아침을 맞이할 수 있었다.

그러나 생일이벤트의 활기참과는 달리 여행 내내 날씨는 흐리고 초가을과 같이 쌀쌀함이 지속되었다. 괌에서만 볼 수 있다는 아름다운 일몰도, 돌고래 투어의 백미인 돌고래도 볼 수 없었고 당연히 뜨거운 태양 아래 일광욕을 즐기는 일 따위는 상상조차 하지 못했다. 아마도 늘 아쉬움이 남고 기대하는 것과 같을 수는 없기에 다음기회를 엿보며 아쉬움을 달래보는 것이 진정한 여행의 묘미일 것이다.

10월 단풍 여행

'노란 나무, 빨간 사과'

부석사

10월은 단풍의 계절이다.
무조건 단풍을 보러 가야 한다. 봄, 여름, 가을, 겨울 4계절이 있는 우리나라에 살고 있다는 것에 감사하지만 긴긴 겨울 동안 푸른잎을 보지 못하니 가을, 특히 10월에 아름답게 단풍이 든 나뭇잎을 실컷 봐야 한다는 생각 때문이다. 결혼 전에는 친구와 촬영 겸 여행을, 결혼 후에는 남편과 단풍을 보러 등산을 다녔다. 10월 부석사의 은행나무 단풍은 단연코 으뜸이다. 노란 길을 걷고 있자면 정말 기분이 정말 좋다. 노란 나무와 빨간 사과는 그 어떤 것도 따라 올 수 없을 만큼 환상의 궁합이다.

결혼 후 보경이 낳기 전만 해도 매주 단풍 놀이 겸 여러 곳을 다녔다. 등산 후 피곤한 몸을 이끌고 운전을 해서 올 자신이 없었고, 나름 여행사마다 제공하는 버스여행의 스케줄이 알차고 시간편성도 좋은 당일이나 무박여행을 할 수 있는 버스여행을 자주 신청해서 다녀오곤 했다.

유독 2007년에 단풍놀이 여행을 많이 다녔다. 영미커플과는 민둥산으로, 남편과 대보름 달이 뜨는 주간엔 경주 남산으로 단풍놀이를 갔고, 새벽 안개가 멋진 주산지와 단풍이 아름다운 주왕산에 다녀온 일, 그 당시 핫 플레이스였던 달빛기행 팬션에서 지냈던 일, 결혼 직전 친구들과의 엠티 겸 갔던 모리의 숲 등이 생각난다. 단풍이 아름다운 가을 풍경 속에 친구들과 와인과 고기 그리고 수다가 함께하니 더할 나위 없이 좋았다.

그래도 10월 단풍을 보러 부석사를 끊임없이 가게 되는 이유는 2003년 영지와 함께 다녀왔던 부석사의 단풍이 그 중 최고라고 생각해서일 것이다. 그때나 지금이나 변함 없는 부석사의 단풍 길. 세월이 지나면서 내가 함께 하고 싶은 나의 사람이 늘어난 만큼 더욱 자주 가보고 싶은 그런 단풍 길이다.

11월 결혼 기념일

'가장 값진 여행'

특급 호텔 패키지

11월은 괜히 분주하다.
나의 결혼식이 있던 2006년 11월. 결혼식이 끝나고 나는 태어나 처음으로 서울시내 호텔에서 지냈다. 아마도 그때 초심을 지키고 의미 있는 날을 기념하기 위해, 결혼기념일마다 서울시내 호텔에서 지내면서 다시 혼인서약을 되새겨 보자는 다짐을 했던 것 같다.

1주년 W Hotel

결혼한지 벌써 1년이 됐다. 뭔가 특별한 추억을 남기기 위해 지인 찬스로 사진 작가인 지니 언니를 섭외! 화보를 찍었다.

2주년 Shilla Hotel

보경이를 낳은 지 두 달밖에 되지 않았지만 그래도 감행한 호텔숙박!
그저 집이 아닌 곳에서 자는 것만도 행복했다.

3주년 Hyatt Hotel

겨울에는 스케이트 장이 예쁜 하얏트 호텔. 그러나 아직 초겨울이라 개장을 하지 않아 아름다운 스케이트 장을 볼 수 없어 아쉬웠다.

4주년 Intercontinental Hotel

집 앞이라 조금 망설였지만 오히려 밤 늦게 아이를 데리고 코엑스 몰도 돌아다닐 수 있고 임신한 나도 덜 피곤해서 좋았다.

5주년 Konjiam Resort & Seol Studio

뭔가 딱 맞아 떨어진 것 같은 5주년, 아이도 둘이 되었으니 서울을 살짝 벗어나 가까운 곤지암 리조트로 여행을 갔다. 그리고 공구카페를 통해 스튜디오를 예약할 수 있어서 저렴하지만 예쁜 가족사진도 남겼던 해였다.

6주년 Conrad Hotel

오픈을 한지 얼마 안되어 가보고 싶었던 곳인데 때마침 프로모션 가격도 매우 훌륭해서 망설임 없이 예약을 했던 기억이 있다. 호텔의 위치가 여의도라 평소에 가기엔 번거로웠던 IFC몰도 쇼핑도 할 겸 나들이로 좋았다.

7주년 The Westin Chosun Hotel

명동에 있어 외국인 관광객들을 구경하는 재미도 쏠쏠하고 아침에 덕수궁에 가서 산책도 하고 시내 관광을 편안하게 할 수 있으니 일석이조의 혜택을 받은 기분이었다.

8주년 Lotte Hotel World

어느덧 부부위주가 아닌 아이들 위주가 되어버린 결혼기념일. 아쿠아리움 관람에 카발리아 서커스까지 온전히 아이들만을 위한 결혼기념일 행사로 하루를 다 보낸 기분이었다. 덕분에 아이들은 마냥 신났지만…….

12월 한 해의 끝
'언제 가도 좋은'
보라카이

내 생일이 있는 12월.

나와 생일이 하루 차이인 여행 단짝 영지와 20대 마지막 생일을 특별하게 보내고 싶어서 떠난 보라카이 여행. 그때는 직항도 없어서 마닐라에서 국내선으로 갈아타고 가야 하는 번거로움에도 불구하고 우린 특별한 생일을 위해 아름다운 보라카이에 가기로 결심했다. 신혼여행이 아니니 숙소 따윈 좋지 않아도 됐었다. 그저 우리의 20대 마지막 생일을 멋지게 보내면 그만이었다. 20대의 마지막을 보내러 간 여행이지만 나중에 아이들도 꼭 데리고 오자고 약속도 하고 미래도 그려봤던 추억이 서린 보라카이이다.

보경이가 7살이 된 올해, 저가항공사에서 제공하는 프로모션을 통해 10개월 전에 예약, 아이들을 데리고 보라카이로 향하기로 했다. 내 기억속에는 영지랑 같이 갔었던 2005년의 보라카이 뿐이었다. 그러나 이미 우리가 변했듯 보라카이도 변해있었다. 내 기억속에 있는 아름다운 모래성도 세월이 흘러 흔적없이 사라졌고, 이제는 해변의 야자수와 푸른 바다만이 20대의 보라카이를 추억할 수 있게 해 주었다.

역시 아이들과 오니 그때와는 기분도 사뭇 다랐다. 2005년 보라카이 해변에서는 영지와 '우리가 결혼을 할 수 있을까?', '지금의 직업에 만족하는가?' 등 우리의 미래에 대한 두려움과 희망을 함께 이야기했다. 그러나 2014년 보라카이 해변에서는 첫째도 아이들 안전, 둘째도 아이들 안전만 생각해야 하니 여유롭게 앉아 내 자신에 대한 생각 따위는 할 수 없었다. 그나마 아이들이 잠들고 난 후 비로소 혼자 잠시 하루를 생각하다가도 이내 다음날 일정을 짜기에 바빴으니 과거의 여행과는 다른 것이 당연하다. 언젠가부터 나의 일기장에는 나의 생각과 고민의 흔적이 드러나는 글이 아닌 단순한 하루 일과를 적고 있었고, 나의 카메라에는 나만의 생각이 담긴 사진이 아닌 그저 아이들 예쁜 모습만 담은 사진들로 도배하는 애 엄마로 변해가고 있었다. 슬프지만 이게 현실이 되었다.
평범한 애 엄마 빌리는 "오늘 너무 재미있었어. 또 올 거지?" 라고 묻는 아이들을 보며 다시 웃을 수 밖에 없다.

WHITE
SAND

0월 Especially Me

‘모두가 공감하는’

싱가포르

싱가포르는 다른 여행지와 달리 신혼여행 때 처음 가본 곳이라 그런지 애착이 많이 가는 여행지이다. 나는 휴양지를 그리 좋아하지 않지만 아이들이 생기면서 휴양지를 피해 나만의 특별한 장소를 찾고 싶은 욕심은 자연스럽게 없어지기 시작하였고, 휴양지가 아니고서는 아이들과 함께 제대로 휴가다운 휴가를 즐길 수가 없다는 것도 깨닫게 되었다. 싱가포르를 선택한 것은 포기해야만 하는 나의 욕심과 휴양지를 선택해야 하는 두 가지 현실 모두를 적절히 만족시키기 때문이다.

신혼여행지였던 몰디브를 가기 위해 잠깐 들렸던 둘만의 싱가포르. 11월이라서 그런지 적당히 더웠고 거리에는 마치 우리를 위해 해놓은 것 마냥 크리스마스 장식으로 아름다웠다. 나와 남편은 발바닥에 물집이 잡힐 때까지 걷고 또 걸었다. 사실 그땐 어딜 가도 좋은 신혼 아닌가. 한없이 걸으며 대화를 해도 피곤하지 않은 그런 밤이었다.

2009년 보경이가 10개월 정도 되어 육아에 완전 지쳤을 때 즈음, 돌도 안 된 아이를 데리고 싱가포르에 가기로 결심하고 또 한번의 용기를 냈다. 사실 나는 싱가포르의 칠리크랩이 너무 먹고 싶기도 했다. 역시 보경이는 여행체질이었다. 어딜 가도 잘 먹고 잘 잔다. 심지어 감기에 걸려 걱정하면서 여행을 가도 오히려 여행지에서 감기가 낫고 온다. 싱가포르 여행 때도 땀띠와 태열로 얼굴이 무척 지저분했지만 여행 기간 동안 얼굴이 정말 깨끗해졌었다. 이유식도 잘 준비하지 못했는데 현지 빵도 너무 잘 먹고, 여행용으로 나온 이유식도 아주 잘 먹었다.

지금 생각하면 난 참 용감했다. 아이 둘 다 돌이 지날 때까지 모유수유를 했는데 싱가포르 쇼핑몰 한가운데서 배고픈 보경이가 통곡을 하며 우는 바람에 난 수유 할 곳을 찾다가 그냥 대충 옷으로 앞을 가리고 수유를 한 적도 있다. 카페서든 식당에서든 애가 울면 일단 옷을 올려 수유를 했으니 지금 생각하면 말도 안되고 다시는 못할 것 같다. 다른 사람들이 보기엔 누가 봐도 영락없는 애 엄마의 옷차림이었을 텐데 그래도 여행갈 땐 아이가 토한 흔적이라든지 얼룩이 없는 깨끗하다고 생각되는 수유용 티셔츠를 입고 나름 신경 쓰며 다녔다. 한번은 화교마을에서 보경이의 초상화를 그렸는데 그림 그린 사람은 매우 흡족해 했지만 우리가 보기엔 영락없는 중국 아이처럼 그려놓아서 남편이 크게 웃기도 했다.

DIGITAL

2013년 우림이 3살, 보경이 6살 때에 간 싱가포르에서는 아이가 둘이다 보니 교통이 편하고 시내 쪽 관광이 수월할 숙소를 잡았다. 그리고는 동물원, 유니버셜스튜디오, 유람선 등 아이들이 좋아할 요소를 관광장소로 골랐다.

아이들은 예상대로 무척 좋아했고, 유람선을 타며 시원한 밤바람을 즐기기까지 했다. 어떤 날은 느닷없이 보경이가 왜 수영을 안 하냐고 투정을 부리기도 해서 나와 신랑은 관광에 지쳤지만 어쩔 수 없이 저녁에 함께 수영을 하고 아이들을 재운 적도 있다.

싱가포르는 나에겐 제주도와 마찬가지로 가도가도 또 가고 싶은 여행지이다. 4인 비행기 티켓을 홀가분하게 사기에는 너무 비싸서 나는 오늘도 싱가포르행 저가항공이나 할인 프로모션을 찾기 위해 온라인 사이트를 여기 저기 기웃거린다. 언제든지 떠날 수 있게 준비하는 마음만으로도 즐겁기 때문이다.

Epilogue

빌리의 또 다른 이야기를 기대하며

'Billy's Diary'의 첫 번째 이야기는 여행이다. 나는 가만히 있지를 못하는 성격이라 시간이 된다 싶으면 어떻게 해서라도 여행을 가곤 했다.

나는 여행을 통해 자라고 성숙해 졌고, 나의 아이들도 나와의 여행을 통해 자라고 성숙해지고 있을 거라 믿고 싶다. 만약 아이들과 함께하는 여행을 선택하는 대신 하루 종일 아이들과 집에서 지냈다면 나는 아마도 육아우울증에 걸렸을지도 모르겠다. 물론 다녀오면 빨래와 짐 정리 등 할 일이 산더미같이 많지만, 그것을 알면서도 또 떠나고 또 준비한다. 가족이 한 명씩 늘수록, 아이들이 한 살, 한 살 나이 먹어 갈수록 여행의 질과 경비는 달라지겠지만 나에겐 여행의 즐거움이 컸고, 여행을 다녀오면 아이들은 한 층 더 자란 느낌이기 때문에 또 떠날 수 있는 것이다.

이 책의 원고 작업을 하면서 지난 10년 간의 나의 블로그 내용을 정리하기 시작하였다. 다시 읽는 나의 일기 속에서 나는 내가 잊었던 혹은 몰랐던 나를 찾아가고 있었다. 빌리가 엄마이기 전의 이야기를 하고 싶어졌다. 내가 하는 나의 이야기. 그것이 소소하건 거창하건 그 자체가 내가 지나 온 시간이며, 살고 있는 현실이며 다가올 미래이기 때문에.

여행에서 돌아오면 또 다음 여행이 기대되는 것처럼 내가 할 다음이야기에 내가 먼저 기대가 된다.

나는 빌리다. 꿈을 만들어 가는 빌리다.

이렇게 내 삶을 돌이켜 봐야 한다.
반성을 하면서
더 나은 미래를 생각해 봐야 한다.

여행과 촬영은
단어로 표현할 수 없는
그 무엇을 준다.

2002. 7. 10.

Billy's Diary1 _ 엄마로 살아가기 *Be a Mom*

초판 1쇄 인쇄 2014년 12월 11일
초판 개정본 인쇄 2015년 6월 8일
초판 개정본 발행 2015년 6월 18일

지은이 김지원 aka Billy
펴낸이 배진희
편집장 배진희(mugplay3@gmail.com)
표지 및 내지 일러스트 이진선(happyclea@gmail.com)
편집디자인 이석훈(mugplay2015@gmail.com), 이진선(happyclea@gmail.com)
객원디자이너 정승원(humming2009@naver.com)
사진감수 이석훈(mugplay2015@gmail.com)
교정 및 교열 장수현, 이주희
펴낸곳 머그mug
출판등록 2008년 1월 28일 제2010-000027호
주소 서울시 서초구 양재동 117-3호 대평빌딩B1
전화 02-529-6821
인쇄 대흥 C&P 02-2263-6011 서울 중구 필동1가 21-5

정가 11,200원
ISBN 978-89-960733-9-0 04660
세트ISBN 978-89-960733-8-3 04660 (전 3권)

잘못된 책은 교환해 드립니다. (mugplay2015@gmail.com)